Henry David Thoreau

Noche y luz de luna

Henry David Thoreau

Noche y luz de luna

Prólogo, traducción y notas
de
Jordi Quingles

✝

CENTELLAS

La portada y la contraportada
reproducen detalles de
Paisaje con luz de luna, pintura de
Caspar David Friedrich

© 2018, para la presente edición,

José J. de Olañeta, Editor

Apartado 296 - 07080 Palma (España)

ISBN: 978-84-7651-996-7
Depósito Legal: PM-50-2018
Impreso en qpprint - Barcelona
Printed in Spain

Índice

Prólogo

Grabado de Florence Wyman Ivins
que aparecía en la edición de 1921
de Night and Moonlight

«La luz de la luna es más favorable
a la meditación que la luz del sol»

(Thoreau, apunte en su *Diario*
del 5 de agosto de 1851)

Night and Moonlight («Noche y luz
de luna»), el pequeño texto de Thoreau que aquí presentamos, fue publicado en el volumen 12, nº 73, correspondiente a noviembre de 1863, de
The Atlantic Monthly, donde ocupaba
las páginas 579 a 583. Esta revista,
fundada en Boston en 1857, y en la

que ya habían aparecido otros ensayos de Thoreau, tenía desde 1861 como redactor jefe a James Thomas Fields, famoso escritor y editor, responsable, en particular, de la publicación en 1854 (bajo el sello editorial Ticknor and Fields) de *Walden; or, Life in the Woods*, la obra más famosa de Thoreau. Igualmente, este breve ensayo fue incluido en el volumen titulado *Excursions*, publicado asimismo por Ticknor and Fields el mismo año de 1863[1], volumen en el que figuraban otros títulos tal vez más conocidos de Thoreau como *Walking* («Caminar») o *Wild Apples* («Manzanas silvestres»). Posteriormente, este texto se incluyó, como formando parte de *Excursions*, en el volumen V de *The*

---

[1] En realidad, se estima que *Excursions* se publicó un mes antes, el 10 de octubre de 1863.

Writings of Henry D. Thoreau, publicado en 1906, y sólo en 1921 apareció la primera edición de este ensayo como obra independiente, que fue publicada en Nueva York[2].

Este ensayo tiene que ver con el texto de una conferencia que Thoreau pronunció en el Leyden Hall de Plymouth, Massachusetts, el 8 de octubre de 1854, sólo dos meses después de la aparición de *Walden*. La conferencia, anunciada con el título simplemente de *Moonlight*, fue el resultado de una invitación cursada en ese sentido por un antiguo compañero de Harvard, Benjamin Marston Watson, el 17 de septiembre de aquel mismo año. Thoreau redactó este texto a partir de fragmentos ex-

---

[2] La edición incluía un grabado de la famosa ilustradora Florence Wyman Ivins.

traídos de sus propios diarios en los
que hablaba de los paseos nocturnos
que realizó, sobre todo, en el verano
de 1851, cuando salía a caminar en
las noches de luna, en ocasiones hasta
el amanecer. Ahora bien, esta obra no
reproduce exactamente, ni en toda su
extensión, el texto de la conferencia
de Thoreau, y se cree que su forma
final se debe a la hermana de éste,
Sophia, quien, como depositaria de
sus manuscritos, seleccionó algunas
hojas del texto autógrafo de aquélla
y las refundió según su criterio en un
texto que tituló *Night and Moonlight*
—labor en la que sin ninguna duda
participó también el gran amigo y
primer biógrafo de Thoreau, Ellery
Channing (1818-1901)[3]—, puesto que

---

[3] Channing publicó su biografía en 1873
con el título de *Thoreau: the Poet-Naturalist*.

la evidencia interna, así como diversas pruebas circunstanciales, apuntan en esa dirección.

Es interesante, por lo tanto, examinar con cierto detenimiento la génesis y el contexto de esta obra, para poder situarla así adecuadamente dentro del *corpus* de los escritos de Thoreau[4]. Lo primero, sin embargo, sería tratar de determinar si Thoreau tuvo en algún momento el proyecto de escribir una gran obra, análoga a *Walden*, donde se exploraran las im-

---

[4] Han resultado útiles para ello, sobre todo, las consideraciones de uno de los mayores especialistas en Thoreau, William F. Howarth, autor de un artículo muy a menudo citado sobre esta cuestión. Dicho artículo, con el título de «Successor to *Walden*? Thoreau's "Moonlight — An Intended Course of Lectures"», apareció en *Proof: the Yearbook of American Bibliographical and Textual Studies*, 2, 1972, pp. 89-115.

plicaciones intelectuales, y en cierto modo también éticas, de los reinos de la noche en contraposición a los del día. Reinos ilimitados, puesto que «los diferentes tipos de luz de luna son infinitos», como el propio Thoreau decía, y reinos además feéricos, pues como él mismo también afirmaba en 1851 en su Diario, «como la luz de la luna es a la luz del sol, así son las hadas con respecto a los hombres», esas criaturas, añadía, que han sido «claramente inventadas para habitar la luz de la luna».

En realidad, *Walden* concluye curiosamente con la frase: «*The sun is but a morning star*» («El sol no es más que una estrella matutina»), y hay motivos, en efecto, para ver en *Moonlight* el esbozo de un proyecto en el que Thoreau recogiera todas las meditaciones que la luz de la luna le suscitaba. Por otro lado, es conocido el gran interés que éste sentía, en particular, por las culturas aborígenes de América, a cuyo estudio dedicó gran parte de su tiempo, por lo que resulta muy interesante la siguiente apreciación, que consignaba en su Diario el 25 de octubre de 1852: «La constitución de la mente del indio parece ser diametralmente opuesta a la del hombre blanco. El indio está familiarizado con un lado diferente de la naturaleza. Él mide su vida por inviernos, no por veranos. Su año no se mide según el sol, sino que consiste en un determinado número de lunas, y sus lunas no se miden por días, sino por noches. Él ha abrazado el lado oscuro de la naturaleza; el hombre blanco, el lado luminoso»[5].

---

[5] Tal vez no sea inoportuno recordar que la úl-

No parece arriesgado deducir, pues, que Thoreau pudo haber albergado, junto con otros muchos proyectos que su temprana muerte le impidió llevar a cabo, la idea de escribir una gran obra sobre lo que podríamos denominar el aspecto lunar de la existencia. Y en realidad una hoja manuscrita que se conserva, que al parecer pertenece a una versión revisada del texto de la conferencia, lleva por título *The Moon* (La Luna). En cualquier caso, este sujeto debía presentar para él, por lo menos en aquellos años, un interés real, dado que lo escogió precisamente como tema de su conferencia del 8 de octubre de 1854.

Ahora bien, la dispersión y el desorden en que se encontraron durante

---

tima palabra que se le oyó pronunciar de forma reconocible antes de su muerte fue «*Indian*».

más de cien años los manuscritos de
Thoreau tuvieron ciertos efectos en
la correcta apreciación de algunas de
sus obras[6]. Y uno de ellos lo consti-
tuía el misterio que rodeaba las co-
nexiones precisas que pudiera haber
entre, por un lado, los apuntes de su
Diario relativos a la luna y la luz de
la luna entre 1850 y 1854, por otro,
su conferencia titulada *Moonlight*
(Luz de luna) y, por último, este ensayo, publicado a finales de 1863, así
como el volumen titulado *The Moon*,
publicado en 1927 y que todavía ha
pasado más desapercibido. Pues bien,
el estudio de los distintos manuscritos ha despejado algunas de dichas
incógnitas y, según Howarth, desvela

---

[6] Que el propio Howarth se encargó de repa-
rar hace unos años con su admirable trabajo
titulado *The Literary Manuscripts of Henry
David Thoreau*, Columbus (Ohio), 1974.

además la existencia de un ambicioso proyecto por parte de Thoreau, como se deduciría, concretamente, a partir del título de *Moonlight — An Intended Course of Lectures* (Luz de luna, serie proyectada de conferencias) que preside algunos esbozos. A tenor de que tanto los primeros esbozos de *A Yankee in Canada* como de *Cape Cod* se subtitularon igualmente *courses of lectures* y terminaron convirtiéndose en libros, se podría inferir, pues, que en este caso el escritor pensaba también en la posibilidad de redactar un volumen entero dedicado al tema de la luna y la luz de la luna.

Se sabe que a finales de agosto de 1854, es decir, tres semanas antes de recibir el encargo de la conferencia y justo después de la aparición de *Walden*, Thoreau empezó a elaborar un índice de los apuntes de su Dia-

rio relativos a sus paseos a la luz de
la luna desde 1850, índice que seguía
un orden cronológico, aun cuando
indicaba brevemente el tema concreto de cada entrada. A continua-
ción, Thoreau volvió a su Diario y
fue entresecando y transcribiendo las
anotaciones que había seleccionado,
revisando de paso su redacción para
acomodarla mejor a lo que sería un
cuaderno de notas especializado. El
autor reunió así más de 100 páginas
de transcripciones extraídas de sus
Diarios y las ordenó en forma de ca-
lendario de sus paseos nocturnos, di-
vidido por meses, no por estaciones,
en los que sólo faltaba diciembre. Y
en esas transcripciones, en las que
Thoreau enfatizaba las características
que distinguen el mundo nocturno
del diurno, se dibujaba de manera
innegable un vasto programa que,

realmente, el texto de la conferencia, aun cuando considerable, no vino a recoger por completo.

Pues Thoreau dispuso de poco tiempo para elaborar el texto de la conferencia, que había sido programada inicialmente para el día 1 de octubre. El 21 de septiembre empezó a redactar un borrador, y entre el 26 de septiembre y el 7 de octubre trabajó con gran ahínco en ella, tanto es así que durante los últimos cinco días no escribió ningún apunte en su Diario. Sus transcripciones le sirvieron de base, pero el formato de una disertación le obligó a reorganizarlas en función de los distintos sujetos que se proponía abordar, lo que suponía una dificultad y, al mismo tiempo, implicaba tener que abandonar la estructura inicial que había dado a su proyecto. Además, incorporó al texto algunos extractos de sus lecturas, tanto de poesía como de historia y de viajes, a fin de dotarlo del obligado toque de erudición. Finalmente, se estima que el manuscrito que Thoreau llevó consigo a Plymouth podía tener unas 50 hojas, 32 de las cuales se han conservado, es decir, unos dos tercios del total.

Después de dar la conferencia, Thoreau siguió trabajando por cierto tiempo en el texto de la misma, pero a comienzos de noviembre de 1854 aparentemente dejó *Moonlight* a un lado, pues se puso a redactar una nueva charla, *Getting a Living*, que dio en varias ocasiones, mientras que nunca volvió a leer *Moonlight*. Además, si realmente Thoreau había planeado escribir un libro titulado *The Moon*[7], parece que abandonó esos planes rá-

---

[7] Thoreau había escrito años antes un poema con este título, el cual fue publicado en *The Dial*, vol. 3, nº 2, octubre 1842, p. 222.

pidamente, ya que en la primavera de 1855 se puso a trabajar activamente en *Cape Cod, A Course of Lectures.* Se sabe, no obstante, que si bien los papeles de aquella conferencia quedaron arrinconados durante varios años, Thoreau volvió a ocuparse brevemente de ellos a finales de 1859 y comienzos de 1860, sin que conste de forma fehaciente, de todos modos, que se propusiera elaborar finalmente un ensayo a partir de ellos. De hecho, todos los indicios apuntan a que no fue así.

Y aquí es donde debemos abordar ya directamente el tema de la autoría del presente ensayo, puesto que, en función de la evidencia interna, la crítica ha sido unánime en declarar de dudosa autoría el texto publicado con el título de *Night and Moonlight.* De entrada cabe decir que, en efecto, este texto no exhibe todo el rigor formal exigible a un ensayo, teniendo en cuenta que no vemos en él una sucesión ordenada de sujetos ni un desarrollo lógico de los que trata, lo que hace, por ejemplo, que los párrafos no guarden siempre la ilación deseada. Por lo demás, el texto aparece en general un tanto descuidado[8] y, a pesar de que contiene bellas imágenes y reflexiones ciertamente sugerentes, el estilo no alcanza en general el nivel que la prosa de Thoreau exhibe en sus creaciones mayores, lo que hablaría de una obra en cuya forma final no intervino la mano del autor. Y lo cierto es que si se colaciona este texto con las páginas que se conservan de la conferencia original, se ve claramente que se trata de fragmentos abreviados

---

[8] Lo que en ocasiones, dicho sea de paso, causa ciertos problemas al traductor.

y a menudo no revisados de aquéllas y que, por otra parte, corresponden sólo a un tercio de la extensión total de ésta. En definitiva, la obra tiene más el aspecto de un breve florilegio de pensamientos (con las indiscutibles virtudes que esto conlleva) que de un ensayo propiamente dicho.

Cabría preguntarse, aun así, si no sería esta la forma que finalmente Thoreau habría decidido dar a su obra sobre la luz de la luna. Realmente, hay pocas razones para pensarlo, y si volvemos a la cronología de los hechos, siguiendo la argumentación de Howarth, deberemos concluir con este que *Night and Moonlight* no es una obra acabada de Thoreau.

Howarth se refiere a un editorial del periódico *The Commonwealth*, de Boston, del 13 de marzo de 1863 (que cree debido a James T. Fields),

donde se hablaba de la próxima ree-
dición de varios ensayos de Thoreau
«preparados por él mismo poco antes de su muerte», siendo el último
de éstos «*Moonlight*, que se publicará
en el *Atlantic Monthly*». Pero en algún momento entre marzo y octubre
(fecha de su publicación) este ensayo
pasó a denominarse *Night and Moonlight*. Por otra parte, Ellery Channing
decía en su biografía de Thoreau,
aludiendo a sus últimos momentos:
«Thoreau concentraba entonces toda
su fuerza, atrapaba los jirones de sus
efímeras fuerzas físicas en los momentos en que el destino le concedía
un largo aliento, para completar sus
historias de los bosques de Maine,
entonces en prensa, y se esforzaba en
vano por terminar su lista de pájaros
y flores, y por poner en orden sus
papeles sobre *Night and Moonlight*»

(*op. cit.*, p. 323). En este testimonio vemos, pues, como Thoreau no pudo preparar el ensayo que lleva este título, y que tampoco cabe atribuirle el propio título del mismo.

En cualquier caso, en febrero de 1862, cuando ya la tisis estaba acabando con su vida, Thoreau llegó a un acuerdo con Ticknor and Fields para publicar en el *Atlantic Monthly*, en forma de ensayos, algunas de las conferencias que había pronunciado, y en los dos meses siguientes les envió los borradores de cuatro ensayos, entre los cuales no figuraba ninguno titulado *Night and Moonlight*. Estos se publicaron ya póstumamente, pero el así titulado no se publicó en dicha revista hasta 18 meses después de su muerte, coincidiendo, como hemos visto, con su incorporación igualmente al volumen *Excursions*.

Y por lo que a este volumen se refiere, Howarth es concluyente: «Thoreau no intervino en la preparación de *Excursions*, y este libro fue concebido probablemente por su editor, James T. Fields [...], quien contó con los servicios de Sophia Thoreau y Ellery Channing», aun cuando «las tres partes, por respeto a la memoria de Thoreau, se tomaron algunas molestias por ocultar sus esfuerzos» (*art. cit.*, p. 109). Además, Howarth aporta la oportuna observación de que *Night and Moonlight*, que ocupa el último lugar en el libro, es el único de los ensayos que no lleva una fecha entre corchetes indicativa del año de su redacción. Además, analizando el formato del libro, Howarth llega a la sorprendente conclusión de que este ensayo se incluyó en él para llenar unas hojas que de no ser así hubiesen quedado en blanco.

La sospecha, pues, de que se pergeñó un texto *ad hoc* a partir de hojas manuscritas de Thoreau, agrupadas con mayor o menor acierto, no es en absoluto infundada. Y lo cierto es que lo mismo volvió a ocurrir bastantes años más tarde, en 1927, cuando F. H. Allen, uno de los editores literarios que se ocuparon en la preparación de las Obras Completas de Thoreau, publicadas en 1906 por la Houghton Mifflin Company, seleccionó algunas hojas de las transcripciones que Thoreau había utilizado para su conferencia —y que en su momento habían archivado— y las reunió en un volumen que tituló *The Moon*, que aún tuvo menor fortuna.

Sea como sea, si estas páginas no se cuentan tal vez entre las mejores escritas por Thoreau, no por ello tienen menor poder de evocación, centradas como están en un tema que, indiscutiblemente, él sentía muy próximo, aun cuando para el propio autor, que reconocía que ningún sujeto era demasiado trivial para él como escritor, «el tema no es nada, la vida lo es todo. Lo que le interesa al lector es la profundidad e intensidad de la vida estimulada», como anotaba en su Diario el 18 de octubre de 1856.

*

* *

Noche y luz de luna

Página autógrafa de Thoreau
perteneciente a sus apuntes sobre la luna

Habiendo dado casualmente un paseo inolvidable a la luz de la luna hace ya algunos años, decidí dar más paseos de estos a fin de trabar conocimiento con otro aspecto de la naturaleza. Y así lo he hecho.

Dice Plinio que en Arabia existe una piedra llamada *selenites*, «en la cual hay un punto blanco que crece y mengua con la luna»[9]. Mi diario de

---

[9] Plinio dice textualmente en su *Historia Natural*: «*Selenitis ex candido tralucet melleo fulgore imaginem lunae continens, redditque ea in dies singulos crescentis minuentisque sideris speciem, si verum est. Nasci putatur in Arabia*»

los últimos uno o dos años ha sido *se-lenítico* en este sentido[10].

¿No es la medianoche como el África Central para la mayoría de nosotros? ¿No estamos tentados de explorarla, de penetrar hasta las riberas de su lago Chad y descubrir las fuentes de su Nilo, y tal vez las Montañas de la Luna?[11]

(La *selenitis* es de un color blanco diáfano, con un reflejo de miel, y contiene en sí una imagen de la Luna, y la muestra, si lo que dicen es cierto, creciendo o menguando según los días. Se cree que se encuentra en Arabia) (Libro 37, cap. 67, § 181).

[10] En la entrada de su Diario correspondiente al 3 de febrero de 1852 encontramos esta misma cita, a la que añade: «Mi Diario del verano era selenítico en este sentido. Tenía este punto blanco en su interior» (*The Writings of Henry D. Thoreau. Journal, vol. 3*, New York, 1906, p. 273).

[11] Legendaria cordillera africana donde se-

¿Quién sabe qué fertilidad y belleza, morales y naturales, pueden descubrirse en ella? En las Montañas de la Luna, en el África Central de la noche, es donde todos los Nilos tienen sus ocultas cabeceras. Las expediciones Nilo arriba sólo llegan por ahora hasta las Cataratas, o tal vez hasta la embocadura del Nilo Blanco; pero es el Nilo Negro el que nos interesa.

Seré un benefactor si arrebato algunos reinos a la noche, si informo a las gacetas de algo que ocurra a nuestro alrededor en este período que merezca su atención; si puedo mostrar a los hombres que existe una belleza despierta mientras ellos duermen; en

---

gún los antiguos se encontraban las fuentes del Nilo. Modernamente se ha identificado con las montañas Rwenzori, situadas en la frontera entre Uganda y la República Democrática del Congo.

definitiva, si hago alguna contribución a los campos de la poesía.

La noche es ciertamente más original que el día, menos profana. Pronto descubrí que sólo conocía su aspecto general, y por lo que a la luna se refiere, sólo la había visto de vez en cuando a través, por así decirlo, de una grieta de la contraventana. ¿Por qué no caminar un poco, pues, a su luz?

Imaginad que hacéis caso de las sugerencias que la luna aporta cada mes, generalmente en vano; ¿no será muy distinto de lo que encontramos en la literatura o la religión? Pero ¿por qué no estudiar este sánscrito? ¿Qué pasa si una luna ha venido y se ha ido con su mundo poético, sus raras enseñanzas, sus sugerencias oraculares; una criatura tan divina cargada de toques de atención para mí, y no la he empleado? ¡Que una luna se ha ido y ha pasado desapercibida!

Creo que fue el Dr. Chalmers[12] quien dijo, criticando a Coleridge, que por su parte prefería ideas que pudiese ver a su alrededor, antes que ideas que tuviese que ver mirando hacia el cielo. Una persona así, se diría, nunca mirará a la luna, pues ésta no nos muestra nunca su otra cara. La luz que proviene de ideas cuya órbita se sitúa tan lejos de la Tierra, y que no resulta más agradable ni iluminadora para el viajero ignorante[13] que la que procede de la luna y las

---

[12] Thomas Chalmers (1780-1847), teólogo, pastor y dirigente de la Iglesia Libre de Escocia.

[13] Thoreau usa aquí la palabra *benighted*, que deriva de *night*, noche, y cuyo sentido literal sería «cubierto (o alcanzado) por la oscuridad de la noche».

estrellas, hace que éste la repruebe o
la moteje, de manera natural, de música celestial[14]. ¡Pues muy bien, música celestial! Pero entonces, haced
vuestros recorridos nocturnos cuando no haya luz de luna para ilumi-
naros; por mi parte, daré gracias por
la luz que me llega de la estrella de
menor magnitud. Las estrellas son
mayores o menores sólo según como
nos aparecen a nosotros. Yo daré gracias si alcanzo a ver una cara de una

---

[14] En ingles hay aquí un juego de palabras
que sólo hemos podido traducir aproxima-
tivamente, pues *moonshine*, la palabra que
emplea Thoreau, que es prácticamente un si-
nónimo de *moonlight*, «luz de luna», y que se
podría traducir más exactamente por «brillo
de luna», quiere decir asimismo «tonterías»,
«pamplinas». En alguna ocasión Thoreau se
lamentaba, en concreto, de que el Transcen-
dentalismo, la doctrina a la que adhería, fuera reputada *moonshine* por muchas personas.

idea celestial, una cara del arco iris y el cielo de atardecer.

Los hombres hablan con mucha ligereza acerca de la luz de la luna[15], como si conocieran muy bien sus propiedades y las despreciaran; igual que si las lechuzas hablaran de la luz del sol: ¡no quiero vuestra luz solar! Pero esta palabra usualmente sólo significa algo que ellos no entienden, algo acerca de lo cual están encamados y dormidos, por muy valioso que pueda ser estar levantado y despierto a ello.

Debe admitirse que la luz de la luna, con todo y ser suficiente para el paseante meditabundo, y no desproporcionada con respecto a la luz interior que poseemos, es muy inferior

---

[15] Aquí, de nuevo, *moonshine*, con su doble acepción.

en calidad e intensidad a la del sol. Pero la luna no debe ser juzgada únicamente por la cantidad de luz que arroja sobre nosotros, sino también por la influencia que ejerce sobre la Tierra y los que la habitan. «La Luna gravita hacia la Tierra, y la Tierra, recíprocamente, hacia la Luna»[16]. El

---

[16] «*The moon gravitates toward the earth, and the earth reciprocally toward the moon*». En su estricta literalidad, esta cita parece estar sacada de un diccionario. Corresponde a la doctrina que Newton expone en el libro 3 de sus *Principia*, pero no aparece textualmente en éstos. Lo más aproximado es esta proposición, debida a Roger Cotes, que aparece en el Prefacio a la primera traducción inglesa de dicha obra de Newton, publicada en 1729: «*Therefore the Moon gravitates towards the Earth; but on the other hand, the Earth by a mutual action equally gravitates towards the Moon*» (Por consiguiente, la Luna gravita hacia la Tierra; pero, por otro lado, la Tierra,

poeta que camina a la luz de la luna es consciente de un flujo en su pensamiento[17] que debe ser referido a la influencia de la luna. Yo trataré de separar ese flujo en mis pensamientos de las distracciones habituales del día. Y advertiría a mis oyentes[18] que no deben someter mis pensamientos a un patrón diurno, sino que deben tratar de comprender que hablo desde la noche. Todo depende del punto de vista que adoptes. En la *Collection of Voyages* de Drake, Wafer dice, hablan-

por una acción recíproca, gravita igualmente hacia la Luna).

[17] Juego de palabras en inglés, donde *tide*, que significa fundamentalmente «marea» (la cual es debida, como es sabido, a la influencia lunar) y que hemos traducido aquí por «flujo», significa también «tendencia».

[18] Aquí se revela el uso primitivo de esta obra como texto de una conferencia.

do de unos albinos encontrados entre los indios del Darién: «Son completamente blancos, pero su blancura es como la de un caballo, muy distintos de los europeos de tez clara o pálida, pues no tienen ni la menor traza de encarnado o sanguino en la tez… Sus cejas son blancas como la leche, como lo son, igualmente, sus cabellos, que son muy finos… Casi nunca salen a la luz del día, pues el sol les resulta desagradable y les lagrimean los ojos, que son débiles y entrecerrados, sobre todo si les hiere la luz solar; pero ven muy bien a la luz de la luna, motivo por el cual los llamamos "de ojos de luna"»[19].

---

[19] Lionel Wafer encontró estos albinos entre los indios kuna de Panamá. La descripción original, que es más elaborada que esta que Thoreau encontró en la recopilación posterior que menciona, la encontramos en la

En los pensamientos de nuestros paseos a la luz de la luna tampoco hay, creo yo, «la menor traza de encarnado o sanguino en la tez», pero somos intelectual y moralmente albinos, hijos de Endimión: tal es el efecto de conversar mucho con la luna[20].

Me quejo de los viajeros por el Ártico que no nos recuerden lo bastante la constante melancolía del paisaje y la permanente luz crepuscular de la noche ártica. Por lo tanto, aquel cuyo tema sea la luz de la luna debe ilus-

---

obra titulada *A new Voyage and Description of the Isthmus of America*, publicada originariamente en 1699. Existe traducción castellana de Vicente Restrepo, publicada en Bogotá en 1888 con el título de *Viajes de Lionel Wafer al istmo del Darién*.

[20] Endimión es un personaje de la mitología griega célebre por sus amores con la Luna (*Selene*).

trarlo por así decirlo, aunque le resulte difícil, únicamente con la luz de la luna.

Muchos hombres caminan de día. Pocos lo hacen de noche. Es un momento muy distinto. Pongamos, por ejemplo, una noche de julio. Sobre las diez —cuando el hombre duerme y el día está completamente olvidado— se puede contemplar la belleza de la luz de la luna reflejándose en los pastos solitarios donde pace tranquilamente el ganado. Por todos lados aparecen novedades. En vez del sol, están la luna y las estrellas; en vez del zorzal maculado[21], está el chotacabras cuerporruín[22]; en vez de

---

[21] De nombre científico *Hylocichla mustelina*. Es un ave paseriforme propia de Norteamérica.

[22] De nombre científico *Antrostomus vocife-*

mariposas en los prados, luciérnagas,
aladas centellas de fuego. ¿Quién lo
habría pensado? ¿Qué tipo de vida
fría y reflexiva habita estas moradas
cubiertas de rocío asociada con una
centella de fuego? Pues el hombre tiene fuego en sus ojos, o en la sangre, o
en el cerebro. En vez de pájaros can-
tores, sobrevuela la nota medio aho-
gada del cuclillo, el croar de las ranas,
el sueño más intenso de los grillos.
Pero, por encima de todo, el mara-
villoso mugido de la rana toro, que
resuena desde Maine hasta Georgia.
Las parras de la patata[23] se yerguen

---

rus. Es un ave nocturna de América del Norte y Central.

[23] Se trata de la planta conocida en Botánica
como *Solanum jasminoides*, que también se
conoce en español como falso jazmín, jazmín solano, jazmín nocturno u otras deno-
minaciones.

bien rectas, el maíz crece rápido, aso-
man los arbustos, los campos de ce-
reales se extienden hasta el infinito.
En nuestras abiertas terrazas fluvia-
les, antaño cultivadas por los indios,
parecen ocupar el suelo como un
ejército, agitando las cabezas al viento. En medio de ellos se ven arbolillos
y arbustos medio sumergidos como
por una inundación. Las sombras de
las rocas y los árboles, de arbustos y
colinas, son más visibles que los objetos mismos. Las sombras revelan las
menores irregularidades del suelo, y
lo que los pies encuentran relativa-
mente liso aparece irregular y diver-
so en consecuencia. Por el mismo
motivo, todo el paisaje resulta más
abigarrado y pintoresco que durante
el día. Los menores recovecos de las
rocas aparecen sombríos y caverno-
sos; los helechos del bosque parecen

de tamaño tropical. En los senderos de bosque recubiertos de maleza, el helecho dulce[24] y el añil te mojan de rocío hasta la cintura. Las hojas de los encinillos relucen como si un líquido resbalara sobre ellos. Los charcos que se ven entre los árboles brillan como el cielo. «La luz del cielo se refugia en su seno», como dice el *Purana*[25]

---

[24] Traducimos literalmente *sweet-fern*, nombre inglés de la planta conocida como *Comptonia peregrina*, que no tiene una denominación aceptada en español, donde a veces se la designa como «regaliz de América».

[25] Aquí Thoreau no aclara a qué *Purana* hace referencia. Podemos conjeturar, no obstante, que se trata del *Vishnu Purana*, pues Thoreau, que hizo un estudio intensivo de las escrituras hindúes, leyó en concreto a comienzos de 1850 el *Vishnu Purana* en la traducción inglesa de Horace Hayman Wilson, publicada en Londres en 1840, y este texto se convirtió en la escritura hindú a la que

acerca del océano. Todos los objetos blancos son más visibles que durante el día. Un risco lejano aparece como un espacio fosforescente en una ladera. Los bosques son densos y oscuros. La naturaleza duerme. Ves la luz de la luna reflejada desde determinados tocones, como si ella escogiera sobre qué brillar. Estos pequeños fragmentos de su luz nos recuerdan la planta llamada «semilla de luna»[26], como si la luna la sembrara en esos lugares.

———

más recurrió y de la que entresacó más extractos. En *Walden*, concretamente, aparece una cita de dicha obra, y se ha advertido la circunstancia, además, de que *Walden* consta de 18 capítulos, que es el mismo número de *Maha-Puranas* que se conservan.

[26] Traducción literal del inglés *moonseed*. Se trata de una planta nativa de América del Norte sin nombre en español. Su denominación botánica es *Menispermum canadense*.

Por la noche los ojos están semicerrados o se retraen en la cabeza, y otros sentidos toman el mando. Al caminante lo guía también el sentido del olfato. Toda planta, todo campo, todo bosque emite ahora su olor característico, helonias en los prados y tanacetos en los caminos, y percibimos el particular perfume seco del maíz que ha empezado a mostrar sus panochas. El sentido del oído y el del olfato están más despiertos. Oímos el campanilleo de unos arroyuelos que no habíamos percibido antes. De vez en cuando, atraviesas una capa de aire cálido en la parte alta de las laderas de las colinas, una ráfaga que ha subido de los sofocantes campos del mediodía. Te habla del día, de las soleadas horas y riberas del mediodía, del labrador secándose la frente y la abeja zumbando entre las flores. Es

un aire en el que se ha trabajado, que
los hombres han respirado. Circula
desde la linde del bosque hasta la ladera de la colina, como un perro que
ha perdido a su amo, ahora que el
sol se ha puesto. Las rocas conservan
toda la noche el calor del sol que han
absorbido, y lo mismo hace la arena.
Si hundes los dedos en ella encontra-
rás un lecho cálido.

Tumbado sobre una roca en un
prado situado en la cima de un cerro
desnudo, a la medianoche, te pones a
especular sobre la altura del manto de
estrellas. Las estrellas son las joyas de
la noche, y por ventura superan todo
lo que el día puede ofrecer. Un compañero con quien navegava en una
noche de fuerte viento pero de in-
tensa luz de luna, cuando las estrellas
eran escasas y débiles, pensaba que
un hombre podría arreglárselas sólo

con ellas aunque se viera muy redu-
cido en sus circunstancias; que ellas
eran una especie de pan con queso
que nunca falta.

No es extraño que haya habido
algunos astrólogos que pensaran que
estaban personalmente relacionados
con una determinada estrella. Du
Bartas, en la traducción de Sylvester,
dice que él

«no cree que el Gran Arquitecto
adornara con todos estos fuegos las
[bóvedas celestes
sólo por ostentación, y con estos
[brillantes escudos,
para despertar a pobres pastores que
[vigilan en los campos»;

que él

«no cree que la florecilla que adorna
nuestros arriates, o nuestras riberas comunes,

y la piedrecita que en su cálido regazo
nuestra madre Tierra avariciosamente
[acoge,
tengan una virtud propia
y las magníficas estrellas del cielo no
[tengan ninguna»[27].

---

[27] Estos fragmentos corresponden a la famosa obra de Guillaume de Salluste, señor Du
Bartas, *La Sepmaine, ou Creation du monde*,
publicada en París en 1578. La traducción
al inglés de Josuah Sylvester (1563-1618)
apareció en 1605, con el título de *Du Bartas: His Devine Weekes and Workes*, y fue una
versión muy aclamada en su época. Hemos
traducido este fragmento tal como aparece originalmente en la obra de Thoreau (y
tanto la versión publicada en el *Atlantic
Monthly* como la publicada en el volumen
Excursions, ambas de 1863, coinciden en este
punto), pero hay que hacer constar que esta
cita difiere ligeramente en algunos puntos
del original de Sylvester. Sin poder acudir al
manuscrito de Thoreau, es imposible saber
si estas discrepancias se deben al trabajo edi-

Y Sir Walter Raleigh dice muy bien: «Las estrellas son instrumentos con un uso muy superior al de dar una luz oscura y servir para que los hombres las contemplen al atardecer». Y cita a Plotino, quien afirma que «son significantes, pero no

---

torial de su hermana, o si el propio Thoreau citaba de memoria o se basaba en alguna edición defectuosa, o, mejor, en alguna compilación poética. Así, por ejemplo, donde Thoreau dice *Great Architect*, Sylvester dice *Arch-Architect* (por cierto, una clara adaptación masónica por parte de éste, pues en el original francés Du Bartas dice aquí *Nature*); donde Thoreau dice «para despertar» (*to awake*), Sylvester dice «para asombrar» (*to amaze*) y el original francés «*amuser*» (divertir, distraer); y donde Thoreau dice «nuestra madre Tierra» (*our mother Earth*), Sylvester dice «nuestra buena nodriza, la Tierra» (*our kind nurse, Earth*), que traduce el *nôtre mere norrice* (nuestra madre nutricia) del original francés.

eficientes»[28], y también a san Agustín, quien dice que «*Deus regit inferiora corpora per superiora*»: Dios rige los cuerpos de aquí abajo por los de allá arriba. Pero la mejor opinión es esta expresada por otro autor: «*Sapiens adjuvabit opus astrorum quemadmodum agricola terrae naturam*»: el hombre sabio ayuda a la labor de los astros como el granjero ayuda a la naturaleza del suelo[29].

---

[28] Plotino trata el tema de la influencia de los astros en su *Enéada* segunda, donde sostiene la doctrina de que éstos tienen un valor de símbolo, no de causa eficiente, refutando la opinión de la astrología judiciaria.

[29] Esta sentencia en latín figura también en la obra de Sir Walter Raleigh, quien no cita su fuente. Pero en la traducción latina que Marcilio Ficino hizo, precisamente, de la *Enéada* segunda de Plotino, hallamos esta sentencia, donde se atribuye a Ptolomeo, si bien con

No preocupa a los hombres que duermen en sus lechos, pero es muy importante para el viajero si la luna brilla radiante o está oscurecida. No es fácil apreciar el gozo sereno de toda la tierra, cuando la luna empieza a brillar sin obstrucción, a menos que a menudo hayas estado fuera, solo, en noches de luna. Parece que ésta esté librando una incesante batalla con las nubes en tu beneficio. Con todo, imaginamos que las nubes son también *su* enemigo. Ella llega magnificando sus peligros a su luz, revelándolas, mostrándolas a todas ellas en toda su enormidad y negrura; luego, de repente, las deja atrás en la luz ocultada y se va triunfante por una pequeña extensión de cielo despejado.

una ligera variante: «*Sapiens adiuuabit opus astrorum, sicut agricola prudens naturalem terrae virtutem*».

En definitiva: el drama de la noche con luz de luna para todos los observadores y viajeros nocturnos, lo constituye la luna atravesando, o pareciendo atravesar, las pequeñas nubes que se cruzan en su camino, ora oscurecida por ellas, ora brillando a su través. Los navegantes hablan de esto como de la luna comiéndose a las nubes. El caminante completamente solo, la luna completamente sola, salvo por la solidaridad de aquél, superando con incesante victoria a los escuadrones de nubes que se ciernen sobre los bosques, los lagos y las montañas. Cuando ella se oscurece, él se solidariza de tal modo con ella que azotaría a un perro para liberarla, como hacen los indios[30]. Cuando ella

---

[30] No sabemos a qué indios se refiere aquí Thoreau, pero esta tradición existía también entre los incas del Perú: «Como todas las na-

penetra en un claro de gran extensión en los cielos, y brilla sin obstrucción, él se siente feliz. Y cuando ella se abre camino a través del escuadrón entero de sus enemigos, y cabalga majestuosa e indemne en un cielo claro y ya no encuentra más obstáculos a su paso, él prosigue su camino alegre y confiado, alegrándose en su corazón, y hasta el grillo parece expresar alegría en su canto.

—

ciones no versadas en el curso de los astros, [los amautas, sabios incas] se asustaban con los eclipses del sol y luna, principalmente con los de este último astro, creyendo que amenazaba desplomarse sobre la tierra; y para evitar el peligro, prorrumpían en una algazara espantosa, procurando hacer todo el ruido posible, desde que empezaba el eclipse, con instrumentos de toda clase, y golpeando los perros para que ahullasen y aumentasen el estruendo general» (Mariano Eduardo de Rivero, *Antigüedades peruanas*, Viena, 1851, p. 126).

¡Cuán insoportable serían los días si la noche, con sus rocíos y su oscuridad, no viniera a restaurar el mustio mundo! A medida que las sombras comienzan a reunirse a nuestro alrededor, nuestros instintos primigenios despiertan, y nos deslizamos fuera de nuestras guaridas, como los habitantes de la selva, en busca de esos pensamientos callados y taciturnos que son la presa natural del intelecto.

Richter[31] dice que «el velo de la noche cubre cada día la Tierra por la misma razón por la que oscurecemos las jaulas de los pájaros, a saber, para que captemos más fácilmente las supremas armonías del pensamiento en la quietud y silencio de la oscuridad.

---

[31] Johann Paul Friedrich Richter, más conocido como Jean Paul Richter o, simplemente, Jean Paul (1763-1825), célebre escritor romántico alemán.

Los pensamientos, que el día convierte en humo y niebla, se yerguen por la noche a nuestro alrededor como luz y llamas; del mismo modo que la columna que oscila por encima del cráter del Vesubio, durante el día se asemeja a un pilar de nubes y por la noche a un pilar de fuego»[32].

Hay noches en estas latitudes de una belleza tan serena y majestuosa, tan medicinales y fecundadoras para el espíritu, que me parece a mí que una naturaleza sensible no puede abandonarlas al olvido, y que tal vez no haya ni un solo hombre mejor ni más sabio que no quisiera pasarlas al

---

[32] Esta cita pertenece a las *Analects from John Paul Richter*, colección de pensamientos extraídos de diversas obras de Jean Paul traducidos al inglés por Tomas de Quincey, que se publicó originariamente en el *London Magazine* de febrero de 1824, pp. 119-120.

aire libre, aunque tuviera que dormir todo el día siguiente como contrapartida —aunque tuviera que dormir un sueño de Endimión, como los antiguos decían—; noches que justifican el epíteto griego de *ambrosíacas*, cuando, como en la tierra de Beulah[33], la atmósfera está llena de húmedos aromas y de música, y descansamos y soñamos despiertos; cuando la luna, no secundaria con respecto al sol,

---

[33] Esta referencia de Thoreau remite a la famosa obra *The Pilgrim's Progress* (El progreso del peregrino), de John Bunyan, quien se basaba en este versículo bíblico donde el profeta se dirige a Jerusalén: «No te llamarán ya más "Abandonada", ni se llamará tu tierra "Asolada", sino que a ti te llamarán "Aquella en quien me complazco", y a tu tierra, "Desposada" (*beulah*), porque en ti se complacerá Yahvé y tu tierra tendrá esposo» (*Isaías* 62:4).

«nos da de nuevo su brillo,
libre de su llama, y esparce un nuevo día.
Ora ella parece inclinarse a través de las
          [nubes pasajeras,
ora cabalga sublime por el puro cerúleo»[34].

   Diana todavía caza en el cielo de
Nueva Inglaterra.

«En el Cielo, reina es ella entre las esferas;
   ella, que es semejante a una amante,
   [hace que todas las cosas sean puras.
En sus numerosos cambios, ella lleva la
          [eternidad;
ella, belleza es, y por ella lo bello dura.
El Tiempo no la consume, ella guía su carro;
   la mortalidad se coloca bajo su orbe.
Por ella, las virtudes de las estrellas se
          [deslizan hacia abajo;

---

[34] Fragmento del poema «Autumn», correspondiente a la obra *The Seasons*, del escocés
James Thomson (1700-1748).

en ella se proyecta la imagen perfecta de la Virtud»[35].

Los hindúes comparan la luna con un ser santificado que ha alcanzando el último estadio de la existencia corporal.

¡Gran restauradora de la Antigüedad, gran hechizadora! En una noche suave, cuando la luna de la cosecha o del cazador[36] brilla sin obstáculos, las

---

[35] Fragmento del poema *The Shepherd's Praise of his Sacred Diana*, de Sir Walter Raleigh. Hemos traducido el último verso de acuerdo con la versión original de esta obra, donde aquí dice «*in her*» (en ella), mientras que en el texto de Thoreau aparece «*by her*» (por ella) como en el verso precedente.

[36] *When the harvest or hunter's moon shines unobstructedly* en el original. La *harvest moon* es la luna llena más próxima al equinoccio de otoño. Suele coincidir con la luna llena de septiembre, aunque en ocasiones puede caer

casas de nuestro pueblo, sea quien sea
el arquitecto que hayan tenido por el
día, sólo reconocen a un señor. La ca-
lle del pueblo es entonces tan salvaje
como el bosque. Las cosas nuevas y
las viejas se confunden. No sé si estoy
sentado en las ruinas de un muro, o
sobre el material que ha de servir para
levantar uno nuevo. La Naturaleza es
un maestro instruido e imparcial,
que no difunde opiniones vulgares
ni adula a nadie. Ella no quiere ser
ni radical ni conservadora. Examinad
la luz de la luna, tan civilizada y, sin
embargo, ¡tan salvaje!

Su luz es más proporcionada a
nuestro conocimiento que la del día.

---

en octubre. Por su parte, la *hunter's moon* es
la primera luna llena que viene a continua-
ción de la *harvest moon*. La construcción de
la frase, en inglés, parece indicar que para
Thoreau se trataba de una sola y misma luna.

No es más oscura en las noches corrientes que la atmósfera habitual de nuestra mente, y la luz de la luna es tan brillante como lo son nuestros momentos más iluminados.

«En una noche así, dejadme permanecer [fuera,
hasta que rompa el alba y todas las cosas [se confundan de nuevo»[37].

¿Qué significado tiene la luz del día, si no es el reflejo de una aurora interior? ¿Con qué objeto se retira el velo de la noche, si la mañana no revela nada al alma? Sólo es chillona y deslumbradora.

Cuando Ossian exclama, dirigiéndose al sol:

---

[37] Fragmento del poema *A Nocturnal Reverie* de la poeta inglesa Anne Finch, condesa de Winchilsea (1661-1720).

«¿Dónde tienen las tinieblas su hogar?
¿Dónde está la gruta de las estrellas,
cuando tú sigues rápidamente sus pasos
persiguiéndolas como un cazador
[en el cielo;
tú, escalando las altas colinas;
ellas, descendiendo sobre desnudas
[montañas?»,

¿quién no acompaña en pensamiento a las estrellas a su «gruta», «descendiendo» con ellas «sobre desnudas montañas»?[38]

Aun así, incluso por la noche el cielo es azul, no negro; pues vemos

---

[38] Thoreau, gran amante de los poemas atribuidos al bardo céltico Ossian, extrajo esta cita de la página 519 del volumen titulado *The Genuine Remains of Ossian*, obra publicada en Londres en 1841 en la que Patrick MacGregor se proponía mejorar la traducción clásica de dichos poemas realizada por Macpherson.

a través de la sombra de la tierra la distante atmósfera del día, donde los rayos del sol se deleitan.

CENTELLAS